ndar por la escuela

Sandy Phan

Asesoras

Shelley Scudder
Maestra de educación de estudiantes dotados
Broward County Schools

Caryn Williams, M.S.Ed.
Madison County Schools
Huntsville, AL

Créditos de publicación

Dona Herweck Rice, *Jefa de redacción*
Lee Aucoin, *Diseñadora de multimedia principal*
Torrey Maloof, *Editora*
Diana Kenney, M.A.Ed., NBCT, *Editora asociada de educación*
Marissa Rodriguez, *Diseñadora*
Stephanie Reid, *Editora de fotos*
Traducción de Santiago Ochoa
Rachelle Cracchiolo, M.S.Ed., *Editora comercial*

Créditos de imágenes: Tapa & págs. 1, 11, 13, 19, 21 Alamy; pág. 6 BigStock; págs. 3, 5, 18 iStockphoto; pág. 14 Lee Aucoin; pág. 12 The Library of Congress [LC-USE6-D-006302]; págs. 8–10, 16, 24 Mapping Specialists; todas las demás imágenes de Shutterstock.

Teacher Created Materials

5301 Oceanus Drive
Huntington Beach, CA 92649-1030
http://www.tcmpub.com
ISBN 978-1-4938-0488-7

Índice

Conociendo lugares

Sabes dónde están las cosas en tu cuarto y en tu casa. ¿Puedes andar por otros lugares, como tu escuela?

Esta es una escuela en Chicago.

Mapas

¿Cómo vas de un lugar a otro? Un **mapa** puede mostrarte el camino.

Este es un mapa de papel de los Estados Unidos.

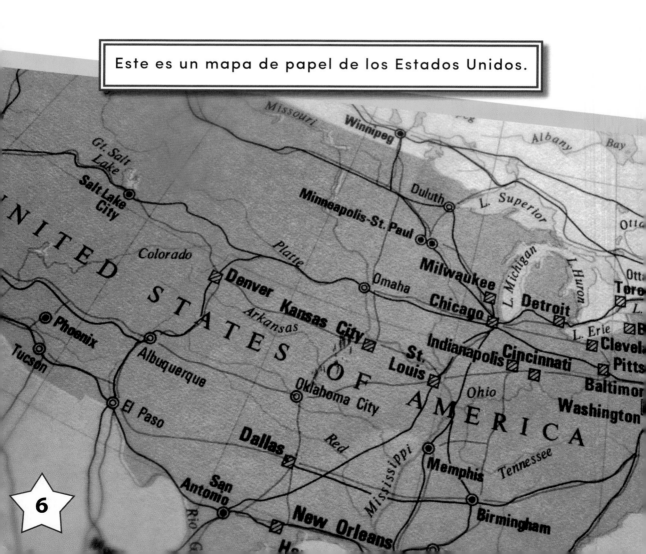

Usa una computadora

Un sistema de **navegación** puede leer un mapa por ti. Te puede decir a dónde ir.

Este es un mapa de computadora en un sistema de navegación.

Take roundabout to 2nd Exit

Arrival
7:00

Menu

Turn In
8

En la escuela

Este mapa muestra lugares en una escuela. Utiliza formas y líneas. También utiliza **símbolos**.

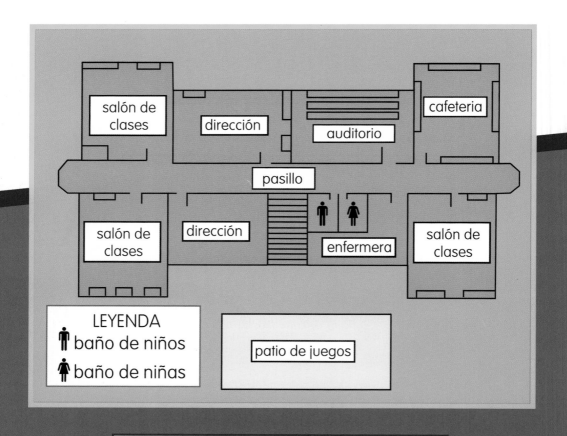

Este es un mapa de una escuela.

Leyenda del mapa

Los mapas usan símbolos. Una **leyenda** de un mapa indica lo que significa cada símbolo.

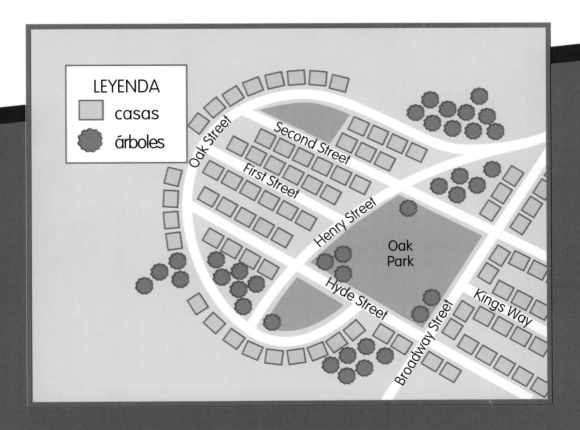

Este mapa tiene una leyenda arriba.

En el salón de clases

Este mapa muestra un salón de clases. Las formas muestran el lugar donde están las cosas en el salón.

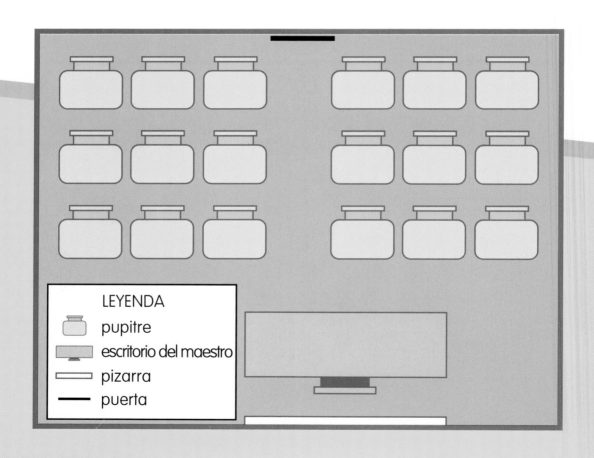

LEYENDA

- pupitre
- escritorio del maestro
- pizarra
- puerta

mapa del salón de clases

Este es un salón de clases actual.

Esta maestra está **delante** de la pizarra.
Los estudiantes están sentados **detrás**, en
sus pupitres.

Este es un salón de clases en 1942.

Voltea y ve

Voltea al frente y ve lo que está delante de ti. Voltea hacia atrás para ver lo que está detrás de ti.

Un niño voltea para ver lo que está detrás de él.

Cada cosa tiene un lugar en el salón de clases. La bandera cuelga **sobre** la pizarra. La pizarra está **debajo** de la bandera.

Las letras están sobre las canastas.

El reloj está sobre la pizarra.

Encuentra tu camino

La **rosa de los vientos** muestra el norte, el sur, el este y el oeste. Utiliza estas direcciones para encontrar tu camino.

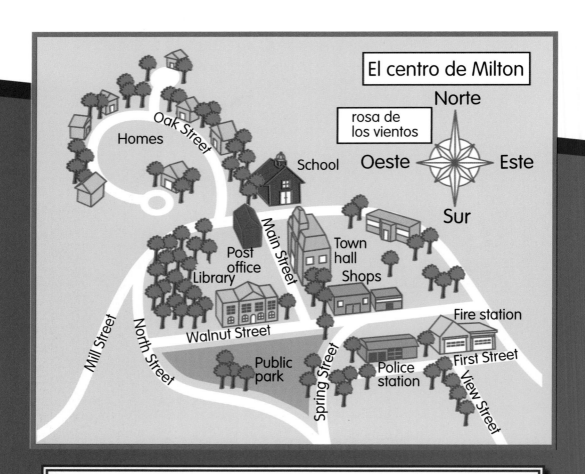

El centro de Milton

rosa de los vientos

Norte
Oeste
Este
Sur

Homes
Oak Street
School
Post office
Library
Main Street
Town hall
Shops
Mill Street
North Street
Walnut Street
Public park
Spring Street
Police station
Fire station
First Street
View Street

¿Puedes encontrar la rosa de los vientos en este mapa?

16

Rosa náutica

A la rosa de los vientos también se le conoce como *rosa náutica*. Esta muestra la dirección del viento.

Esta es una rosa de los vientos.

Herramientas útiles

Los estudiantes necesitan saber cómo moverse por la escuela. ¡Los mapas pueden ser de ayuda! ¡Las direcciones también pueden ser de ayuda! Son herramientas útiles.

Este mapa ayuda al niño a encontrar su camino.

Esta niña utiliza un mapa para encontrar lugares especiales cerca de su escuela.

¡Encuéntralo!

Esconde un objeto en tu salón de clases. Escribe las instrucciones o explica a un amigo cómo encontrarlo. Utiliza las palabras del banco de palabras en tus instrucciones.

Banco de palabras

cerca	izquierda
debajo	lejos
delante	norte
derecha	oeste
detrás	sobre
este	sur

Esta niña dibuja un mapa para ayudar a su amiga a encontrar un objeto.

Esta niña esconde un juguete para que su amiga lo encuentre.

Glosario

debajo: en un lugar más bajo

delante: al frente o adelante

detrás: directamente atrás

leyenda: una lista que muestra el significado de los símbolos en un mapa

mapa: una imagen o gráfica que muestra las partes de un lugar

navegación: el acto de moverse de un lugar a otro

rosa de los vientos: un diseño en un mapa que muestra el norte, el sur, el este y el oeste

símbolos: imágenes o figuras en un mapa que representan lugares o cosas reales

sobre: en un lugar más alto

Índice analítico

¡Tu turno!

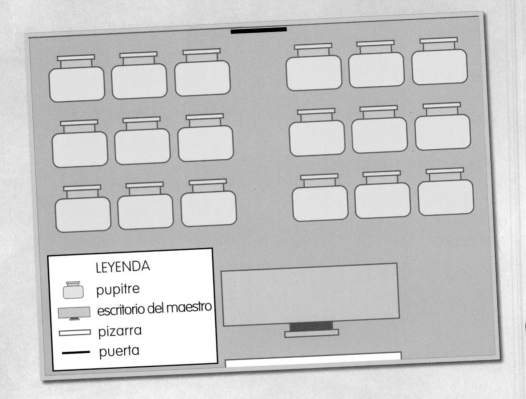

LEYENDA
- 🏺 pupitre
- escritorio del maestro
- pizarra
- — puerta

Mapa de tu clase

Este es un mapa de un salón de clases. Dibuja un mapa de tu salón de clases. ¿En qué se parecen los mapas? ¿En qué se diferencian?